9 MESES DE ESPERA

Cómo ser madre y abuela a los 35 años

EDITH B. CHACÓN

Editorial Güipil

Para otros materiales, visítanos en:
EditorialGuipil.com

Publicado por **Editorial Güipil**
Miami, FL - Roanoke, VA Estados Unidos de América

Editorial Güipil

Editorial Güipil primera edición 2018
www.EditorialGuipil.com

Editora en Jefe: Rebeca Segebre
Diseño: Victor Aparicio / Victor911.com
Fotografía del autor: Victor Aparicio / Vive360Media.com
ISBN-13: 978-1-7335328-0-8
ISBN-10: 1-7335328-0-3

Categoría: Crecimiento Personal / Autoayuda / Vida práctica / Inspiración
Category: Personal Growth / Self-Help / Practical Living / Inspiration

"Todo tiene su tiempo.
Vive tu vida antes de crear una familia."
Anónimo

Dedicatoria

A mis hijas Tatiana y Gisela.

A mi nieta, Chloe, a quien amo con todo mi corazón.
Gracias, pequeña, Chloe por haberme dado
el título de «abuela»

Chloe

«Tú creaste las delicadas partes internas de mi cuerpo
y me entretejiste en el vientre de mi madre.
¡Gracias por hacerme tan maravillosamente complejo!
Tu fino trabajo es maravilloso, lo sé muy bien.»

Salmos 139:13-14 (NTV)

Agradecimientos

Agradezco a Dios por su gran amor manifestado en la vida de mis hijos y nietos.

Agradezco a mi hija Tatiana, por al apoyo significativo que le brindó a su hermana en todo este proceso.

Agradezco a mi esposo Maikel, por su amor y valioso soporte durante esta experiencia.

Agradezco a la familia Álvarez por su aporte en el desarrollo de esta guía. Les agradezco por todo el apoyo incondicional que he recibido para mí y mi familia.

Gracias a toda mi familia y amigos por permanecer conmigo y atravesar esta nueva aventura que nos trajo mucha felicidad a todos.

Edith B. Chacon

"Tú creaste las delicadas partes internas de mi cuerpo
y me entretejiste en el vientre de mi madre.
¡Gracias por hacerme tan maravillosamente complejo!
Tu fino trabajo es maravilloso, lo sé muy bien."

Salmos 139:13-14 (NTV)

Tabla de Contenidos

Introducción

Esta guía tiene el propósito de servir de apoyo a todas aquellas familias que estén enfrentando un embarazo precoz. Queridos padres de familia, no importa lo que tu hijo o hija hizo o porque lo hizo, en estos momentos tan fundamentales y decisivos de sus vidas es cuando debes brindarles tu apoyo y mucho amor. Tus hijos necesitan de tu ayuda en este momento tan vulnerable y es lo único que necesitan para salir adelante de esta situación.

En mi caso, yo me aferré a ese amor tan grande que siento por mi hija y al amor de Dios que está en mi corazón. Esto permitió que viviéramos la situación de la mejor manera posible, pues todo es posible cuando le das a Dios el primer lugar y entiendes lo que dice el rey David en el Salmo 23, que no importa la situación, si somos sus ovejas, él nos cuida y nada nos faltará:

«El SEÑOR es mi pastor; tengo todo lo que necesito.»
Salmo 23:1 (NTV)

1
EL REGALO DE LA VIDA Y LA INOCENCIA

Todos sabemos que hay un cierto encanto en la inocencia de un niño; es un halo de esperanza que no debería cortarse prematuramente, ya que es la inocencia la que les lleva a ellos a moverse de forma permanente en un mundo extraordinario de fantasía y mucha ilusión.

La infancia es una de las épocas más hermosas de la vida. El regalo de la niñez es la inocencia. A una temprana edad, los niños nos dan mucho trabajo y requieren extremo cuidado y educación, puesto que ellos solo quieren jugar y divertirse. Es por esta razón que nosotros como padres debemos estar muy pendientes de ellos. El tipo de cuidado que ellos necesitan cambia con el tiempo, pero continúa siendo importante, aún más cuando llegan a la adolescencia.

Por la gracia de Dios, me case a los 18 años y forme una linda familia. Dios me regaló tres hijos a los que cuidé con esmero y creo que pudieron disfrutar de su temprana infancia en nuestra ciudad a la orilla del lago de Coatepeque en el Salvador. Ellos son mis tesoros: Tatiana, Marvin y Gisela.

Mi historia

Es muy duro cuando tu hija de trece añitos te dice que está embarazada. Nunca podré olvidar esa navidad en la que mi hija Gisela me dijo que se iba a vivir con su novio porque estaba embarazada. En ese momento sentí como si mi mundo se me viniera encima, y mi interrogante fue: «¿Qué debo hacer?»

Para agravar la situación, yo ya estaba fuera del país y no podía regresar a casa en ese momento. Yo no quería que ella se fuese a vivir con su novio. Primero que el no tenía su propia casa para tener un hogar. Adicionalmente a esa edad no es para estar casados. No creo en arreglar un embarazo de adolescentes con un matrimonio también prematuro.

Después de este duro golpe en mi papel de madre, lo primero que se me ocurrió hacer fue entregar esta dolorosa situación a Dios para que Él fuera mi soporte y guía en esos nueve meses de espera que empezábamos, porque confieso yo también me sentía embarazada. Este era un camino nuevo, el cual veía lleno de incertidumbre y me enfrentaba a todo ello con inexperiencia.

¿Cómo haría?

Todos hemos escuchado de la problemática relacionada al embarazo precoz y existen estadísticas que nos hablan de las consecuencias terribles que esto trae, por la organización mundial de la salud da las siguientes cifras:

- Las complicaciones del embarazo son la segunda causa de muerte en las niñas de 15 a 19 años.
- 3 millones de niñas de 15 a 19 años de edad tienen abortos inseguros cada año.
- A los 30 años, solo el 1.5 por ciento de las mujeres que tuvieron embarazos cuando eran adolescentes tienen un título universitario.

- El 80 por ciento de las madres adolescentes solteras terminan en asistencia social
- 50% de las madres adolescentes reciben asistencia social durante el primer año (teenHelp.com)

La sabiduría de Dios es tan grande que gracias a mis suplicas, me dio un consejo que traspasó mi corazón, haciéndome entender que mi mejor herramienta para transitar este nuevo desafío era el amor.

¡Seré abuela a mis 35 años!

No lo podía creer. Además, me di cuenta que al demostrarle todo mi apoyo a mi hija, yo también sentía como si estuviera esperando un hijo. No existía un solo instante en que no pensara lo difícil que sería para ella a su corta edad, ya que era un hecho que su vida cambiaría radicalmente: junto con el bebé llegaría mucha responsabilidad para ella.

Fueron tiempos muy difíciles, ya que no estábamos preparados para momentos desafiantes como ése.

Este es el motivo que me ha llevado a crear esta guía para todas aquellas mamas que igual que yo están pasando por esta experiencia y no saben cómo responder a ella.

Además, siento que después de haberla vivido tengo una deuda con Dios y el mundo que me lleva a querer contar lo que viví para así ayudar a aquellas familias, mamis, papis, hermanos que están empezando a vivir una experiencia similar.

Gracias, Tatiana, por el gran apoyo a tu hermana.

«Líbrense de toda amargura, furia, enojo, palabras ásperas, calumnias y toda clase de mala conducta. Por el contrario, sean amables unos con otros, sean de buen corazón, y perdónense unos a otros, tal como Dios los ha perdonado a ustedes por medio de Cristo.»
Efesios 4:31–32(NTV)

2
JUNTAS SALIMOS ADELANTE

Gracias a Dios por mi otra hija, Tatiana, de diecinueve años, quien también fue nuestro apoyo y con quien conformamos un equipo unido para salir adelante en esta causa. Fue Tatiana quien ayudo a su hermanita a vivir un embarazo normal y tranquilo, sirviéndole de soporte cuando no se encontraba bien. Ella hizo de hermana y a veces de mamá cuando Gisela lo necesitaba, además le incentivó y enseñó a escuchar mis consejos durante el embarazo. También tengo un hijo varón, llamado en quien también nos apoyamos en estos momentos.

Gisela ha sido una gran guerrera, digo guerrera porque siempre fue muy fuerte, pero esta situación la llevó a tener un cambio drástico en su conducta. Primero, al escuchar que estaba embarazada se sentía abrumada y quería abortar inmediatamente sin pensar en las consecuencias para ella o para el bebe.

Sus amigas le insistían que abortara su bebe y ella nos repetía las palabras de sus amigas como una decisión sensata y podía sentir en su voz mucha vergüenza y desesperanza al no saber que esperar de la nueva vida que enfrentaba al estar embarazada, se trató de suicidar cortándose las venas de las manos. Al darnos cuenta a tiempo, logramos salvarle la vida. Cuando pensaba en las consecuencias de tener un bebe y luego el cuidado que esto implicaba, ella decía no querer a su bebe. Fue muy difícil para nosotras enfrentarnos a esta nueva situación, pero ya a los tres meses de embarazo, ella comenzó a entender su nueva situación.

Cuando se hizo el sonograma y vio a la bebe, que era una niña en su vientre, la comenzó a amar. Este cambio fue algo milagroso.

A la bebe que nació La llamamos Chloe porque significa «verde como la hierba, como la esperanza»... Porque eso es mi nietecita para mí: una nueva vida llena de esperanzas.

Hoy puedo decir que a este tiempo, mi nieta, a quien bautizamos como Chloe, ya tiene tres añitos y mi hija ha ido creciendo igual que mi nieta.

Mi hija Gisela está estudiando secundaria y ha organizado su vida para cuidar a la bebe. Ella tiene nuestra ayuda para pagarle a alguien que le cuide a la bebe mientras ella está en la escuela.

Mi hija no piensa ahora en el matrimonio simplemente se ha dedicado a estudiar, aprovechar el tiempo perdido y dedicárselo a cuidarse y a cuidar de su hija. Ella aún no sabe qué profesión va a seguir, pero sabe que quiere ir a la universidad, y a su debido tiempo casarse y formar un lindo hogar.

Reflexionemos

Querido amigo lector, lo primero que aparece cuando estamos viviendo este tipo de experiencias son las interrogantes. Pero no nos quedemos en ellas, desde el primer momento debemos empezar a actuar. Hoy, desde el fondo de mi alma admito que ante la situación no habrá ninguna respuesta que pueda satisfacernos.

Es probable que en el intento de justificar lo ocurrido, se busque un culpable y lleguen preguntas como:

- ¿Qué hice mal?
- ¿Por qué a mí?
- ¿Por qué la descuidé?
- ¿Y si sus amigas le aconsejan que aborte?
- ¿Cómo lo cuento al resto de nuestros parientes?
- ¿Cómo me enfrento al chico?
- ¿Cómo hago para comunicarle la noticia a su familia?

Las respuestas solo aparecerán cuando empecemos a actuar, además que serán el bálsamo que calmará la confusión emocional que empieza a reinar en nuestro mundo.

Nadie me dijo que fuera fácil
pero.. es la experiencia más maravillosa del mundo.

¿Qué acciones tomé?

- Lo primero que hice fue apoyarla, decirle y hacerle sentir que no estaba sola, que Dios, su mami y su hermana estaban con ella.

- Evité dar los cotidianos y usuales sermones de nosotras las madres, y me prometí no hablarle del futuro, qué le esperaba ni de las cosas que no podría hacer por ser madre adolescente.

- Hice un esfuerzo para no añadir más emociones, ni positivas ni negativas, que pudieran dejarle una huella de frustración.

- Traté de que ella no tuviera la sensación de que me había decepcionado como hija. Porque llevaría esa carga por el resto de su vida y además podría contribuir a que se sienta desvalorizada.

Es normal que te sientas enojada ante semejante noticia, pero aun así continúas siendo su madre y es importante que ella reciba tu apoyo, que sienta que estás a su lado y que la ayudes a afrontar la situación.

Gánate su confianza. Si tu hija no puede apoyarse o confiar en ti en un momento como este, entonces ¿en quién lo hará?

3

¿CÓMO AFRONTARLO?

En el momento que sepamos que nuestra hija está embarazada debemos tomar el control de la situación; estos son momentos muy vulnerables en la familia y si no lo hacemos, otros lo harán en nuestro lugar. Las cifras de embarazo en adolescente siguen siendo muy altas, particularmente en América Latina y se da con mayor frecuencia entre jóvenes de quince y diecinueve años; y la mayoría de ellos son embarazos no deseados.

Vivir esta experiencia con mi hija me hizo entender que el embarazo en una adolescente da origen a una problemática compleja. No solo porque limita el desarrollo normal hacia la madurez, sino también porque los hijos fruto de este tipo de embarazos cuentan con un futuro, la mayoría de veces, muy incierto. Por esta razón me pareció importante enumerar en este manual algunas pautas para afrontar de la mejor manera en nuestra vida una situación así. Primero que todo, es importante que los jóvenes que enfrentan el embarazo adolescente sientan que cuentan con su familia.

Muchas jóvenes que han quedado embarazadas no cuentan con el apoyo de su familia y es frecuente que al menos durante la primera fase enfrenten la situación en soledad, incluso también ocurre que muchas veces no cuentan con el respaldo de su pareja. O si cuentan con ese apoyo, el compañero es otro joven inexperto.

Lo aconsejable es hacer lo siguiente:

• Acudir a un ginecólogo. Se debe evaluar el curso del embarazo. También determinar los riesgos que conlleva y el estado de salud en general, aprovechando el momento para resolver todas las inquietudes respecto a lo que sucederá a continuación.

• Proporcionarle orientación psicológica. Un profesional en el área está en condiciones de ayudar a la adolescente a ordenar sus ideas, programar los siguientes pasos y sentar las bases de las decisiones que debe tomar. Además será alguien imparcial que no la va a juzgar.

• Hablar con la pareja. Es necesario que la madre y el padre hablen con él sobre las decisiones y expectativas ante el nuevo escenario y ponerse de acuerdo en los pasos más importantes a seguir.

• En caso de que la adolescente decida llevar adelante su embarazo, es necesario informar a la familia, puede que su reacción en muchos casos no sea la mejor, pero una vez pasado el impacto de la noticia, serán el mejor apoyo y los mejores asesores que los adolescentes puedan encontrar.

El embarazo adolescente suele ser una noticia muy impactante. La mayoría de los chicos todavía dependen de sus padres, tanto económica como emocionalmente; por lo tanto, un embarazo temprano es una situación en la que todos se ven implicados.

Algunas estrategias recomendables para los padres son:

• Mantener la calma. Muchos se dejan llevar por la angustia que les genera esa noticia y se enfadan con sus hijos. Incluso llegan a ser agresivos, lo cual no ayuda, sino que empeora la situación.

• Escuchar a los hijos. Es importante saber qué piensan ellos, cómo ven la situación y qué significa para ellos.

• No juzgarles, el embarazo (haya sido un error o no) sigue su curso.

• Saber identificar las emociones que han surgido a partir de la noticia.

• En muchos casos pueden ser contradictorias: por un lado aparecerá la tristeza que surge de la sensación de que su hijo ha condicionado su futuro de esa manera, la culpa por no haber puesto los medios para evitar que sucediera este suceso, y por otro la alegría que representa ser abuelos.

• Estas emociones pueden mezclarse y hacer que nos sintamos muy perdidos.

• Ofrecer ayuda y no caer en la tentación de intentar tener la última palabra.

• Son los hijos –y solo ellos– quienes deben tomar las decisiones más importantes. Los padres pueden apoyar, sugerir y opinar, pero nunca asumir la iniciativa, ya que son ellos los responsables de sus vidas.

4

EL EMBARAZO PREMATURO

ES UN ASUNTO QUE DEBEMOS PREVENIR

Enseñarles a los jóvenes a decir «NO» cuando no están preparados ni pueden asumir las consecuencias del sexo, ayuda a disminuir la cantidad de embarazos adolescentes. La sociedad –aunque de manera lenta y con titubeos– va dejando atrás los mitos y el oscurantismo sobre la sexualidad, tanto que hoy en día en la mayoría de escuelas se hacen grandes campañas de educación sexual, hasta el punto en que tanto el sistema educativo como los padres están empezando a entender que la mejor forma de prevenir embarazos no deseados es la información.

Aunque el adolescente es quien finalmente toma las decisiones sobre su sexualidad, nuestro papel como padres es contribuir a que pueda hacerlo con criterio. A pesar de la educación que mencioné anteriormente, también cabe preguntarse por qué hay adolescentes que, a pesar de estar bien informados, terminan teniendo un embarazo no deseado. Una posible respuesta es que no cuentan con medios a su alcance para evitarlo.

Otro posible factor es la falta de autocontrol en momentos donde la excitación puede ser muy alta.

De una u otra forma, la paternidad es una aventura, proceso o desafío maravilloso cuando la madurez de las personas que lo enfrentan es acorde con la decisión. Esto no quiere decir que los hijos de padres adolescentes nazcan condenados, porque Dios siempre nos ofrece un camino de redención, sino que tienen una mayor probabilidad de encontrarse en una situación de vulnerabilidad de acuerdo a las estadísticas que nos suministran la organización mundial de la salud.

Además de que las complicaciones Además de que las complicaciones durante el embarazo y el parto son la segunda causa de muerte entre las muchachas de 15 a19 años en todo el mundo, también, los bebés de madres adolescentes se enfrentan a un riesgo considerablemente superior de morir que los nacidos de mujeres de 20 a 24 años.

« La abstinencia es la mejor forma
para prevenir un embarazo.»

Entre otras medidas de prevención se encuentran las siguientes:

- Inculcar los valores, tanto morales como religiosos, por ejemplo: el amor responsable, la fidelidad, el respeto por la vida, entre otros.

- Crear programas para fomentar la información y los servicios que necesitan los jóvenes, para concienciarlos y así lograr una sexualidad responsable.

- Medidas educativas a nivel sexual dirigidas a todos los jóvenes.

- Modificar comportamientos sociales que fomenten la actividad sexual responsable, como la publicidad, revistas y la influencia cultural.

"—Te conocía aun antes de haberte formado en el vientre
de tu madre; antes de que nacieras,
te aparté y te nombré mi profeta a las naciones.
Jeremías 1: 5 (NTV)

Mis pensamientos:

5

«NO» AL ABORTO, «¡SÍ!» A LA VIDA

La última de las alternativas de solución a la cual debemos recurrir es al aborto.

Durante las largas charlas que tuvimos mi hija y yo durante su embarazo, algo que siempre estuvimos muy seguras es que ella no iba a abortar. «El aborto daña a Dios porque es una vida que Él ha creado según su imagen y semejanza.» Toda mujer queda marcada tras pasar por un aborto. No es una experiencia agradable, independientemente de si fue un inducido o natural. Abortar no solo trae consecuencias físicas y emocionales que afectarán de forma importante a la mujer, sino que además influirán en su mente.

Las consecuencias psicológicas del aborto pueden llevar a la mujer desde tener depresión a generar conductas autodestructivas, puesto que un aborto es una pérdida dolorosa, y cuanto más tarde se produzca, las consecuencias psicológicas serán aún más graves.

Las mujeres que han pasado por un aborto inducido dicen que es mucho más doloroso y sufren más que si fuese de forma natural. Esto tiene sus razones. En un aborto natural, el factor sorpresa es importante; no te lo esperas y quizá quedes en shock sin poder creer cómo ocurrió eso.

Pero, ¿qué ocurre es un aborto inducido? Las consecuencias psicológicas que genera son:

Culpabilidad

Aunque el aborto esté totalmente justificado, incluso si es natural, la mujer que lo sufre puede pensar que ha sido culpa suya. Los pensamientos de «quizás debería haber tenido más cuidado» o «no me he preocupado lo suficiente por mi bebé», pueden llegar a su mente, aunque estos no sean ciertos.

Aunque el aborto sea porque la salud del bebé y porque la madre se encuentren en peligro, el sentimiento de culpabilidad aflorará cuando menos se espera.

Sensación de pérdida

La muerte de un familiar o el abandono de un ser querido es algo difícil de superar. Y lo mismo sucede tras un aborto. Saber que ha perdido al bebé y que no lo recuperará es algo que hará que la mujer se sienta vacía.

La sensación de vacío puede durar tanto como la persona necesite para superar esta gran pérdida. Quizá nunca logre hacerlo. Tal vez esa sensación de que algo falta la persiga toda su vida.

Pérdida de confianza

Sufrir un aborto hace que la mujer pierda la confianza en sí misma de volver a tener otro hijo. Necesitará un tiempo para lograrlo, pero pensará que no será capaz de llevarlo hasta el final.

Esto sugiere una falta de autoestima que provocará que en su mente aparezcan pensamientos como: «eres una inútil», «no sirves para nada», «no eres capaz de mantener a un hijo en el vientre», etc.

Es natural sentir esa inseguridad cuando se pasa por un aborto. Por eso se necesitara un tiempo para eliminar la culpabilidad que se siente y recuperar la confianza en una misma.

Crece el interés por los bebés

Tras un aborto, la mujer puede adquirir un gran interés por los bebés. Esta inclinación excesiva puede llevar a situaciones extremas e incómodas que puede requerir de ayuda profesional para poder llevar de nuevo una vida normal; pues incluso ha ocurrido que en muchos casos los bebés se convierten en una obsesión.

Disminución del apetito sexual

Ocurre como resultado de la culpabilidad y la pérdida de confianza por el temor que provoca quedar nuevamente embarazada. Es por esto que muchas parejas terminan su relación: porque la intimidad se acaba. Y eso es algo normal.

Miedo, frustración y rabia

El miedo a la muerte, la frustración, la ira, la rabia, el sentimiento de luto y las pesadillas son otros de los síntomas que pueden perseguir a la mujer que ha sufrido un aborto.

La situación puede tornarse insostenible y provocar muchos problemas difíciles de solucionar. Lo importante es saber detectarlos y buscar ayuda Aunque sea duro, aunque aún duela.

¡Es niña!

No es que seas mio.
Es que estas
hecho de mi.

Carta de una mujer que abortó

29 febrero, 2016

Estas líneas van dirigidas a mujeres y hombres, que al igual que yo lo hacía hace varios años, abrazaba el feminismo como un salvavidas que hacía que me sienta valorada y reconocida por la sociedad. Craso error. De qué me servía todo esto si yo misma no me reconocía ni valoraba por lo que era, si trataba a mi cuerpo como un objeto, el que me daba placer cuando yo quería. Como diría el recién conocido Jasón (recién conocido por estar metido en esto y por ser la carnada para las chicas confundidas que sólo buscan una cara bonita) "una cosa es una relación y otra un buen polvo".

El caso es que la única idea que tenía en la cabeza era estudiar, terminar mi carrera, trabajar, ser reconocida; porque de eso se trata la vida. No me quería casar, por el momento no quería tener hijos porque arruinaban mis planes, mis ideales. Y como todo en esa vida, las "relaciones" iban y venían. En una de esas relaciones, por cosas del "destino", quedé embarazada. ¡Qué horror! ¡Cómo iba a truncar mi vida de esa manera!

Ante esta situación y convencida de que mi cuerpo es sólo mío y de nadie más y que yo tengo derecho a decidir sobre él, tomé una decisión: EL ABORTO. Con mucha rapidez encontré información, le pedí ayuda a una persona y en menos de un día
estaba por hacerlo.

Estaba decidida totalmente de que era la mejor opción para mi vida, incluso en el mismo momento en que lo hacía. Todo cambia cuando lo has realizado, verlo ya afuera es como darte un balazo en el corazón, es como si una parte de ti se hubiera muerto.

¿Dónde se quedaron las frases bonitas de que ahora era libre para seguir haciendo lo que yo quería, para poder triunfar en la vida? ¿Dónde se quedó la frase de que como era "mi cuerpo" yo podía hacer con él lo que yo quisiera?

Definitivamente hice con mi cuerpo lo que yo quise, me desgarré en vida, lo usé, lo pisoteé, y lo peor aún me llevé de encuentro a una vida que no tenía la culpa de las decisiones que yo había tomado con MI VIDA porque lo único que hice fue quitarle SU VIDA.

Ahora, ¿qué es lo que soy? No soy la mujer soltera que cumplió sus metas sin que ningún obstáculo se interpusiera en su camino. Todo eso ha pasado a segundo plano cuando me doy cuenta que ahora SOY LA MADRE DE UN NIÑO MUERTO, al cual yo tuve la conciencia de MATAR.

Porque déjenme decirles que yo lo decidí, que yo lo busqué, y que a pesar de yo proclamar a los cuatro vientos de que con mi cuerpo yo hacía lo que yo quería, en el fondo sabía que dentro de mí había otro pequeño cuerpecito al cual yo no tenía ningún derecho y menos podía hacerle daño.

Hasta ahora sigo llorando su muerte después de varios años de haberlo hecho.

Chicas: no se dejen engañar, abortar te cambia la vida, te la marca, te mata en vida. Y es un peso que tendrás que cargar por el resto de tu vida. Porque como les decía: ABORTAR NO TE DESEMBARAZA, TE CONVIERTE EN LA MADRE DE UN NIÑO MUERTO. C.A.

Copiado del magazine "marcha por la vida"

6

CREAR CONCIENCIA EN LAS ESCUELAS Y LA COMUNIDAD

Haber vivido esta experiencia me hizo preguntarme en dónde estuvo mi error, dónde actué mal, qué hice mal… Pero me di cuenta de que no se trata de culpar a nadie, los hechos ya están ocurriendo y debemos hacerle frente; fue ahí donde nació la interrogante: «¿Falta de educación sexual o falta haber sembrado un proyecto de vida?.»

Según estadísticas que uno escucha a través de los medios de comunicación, el embarazo en la adolescencia ha aumentado producto de la falta de educación sexual o un proyecto de vida. En países más desarrollados se ha establecido claramente que factores como la educación, mejores oportunidades de trabajo y los ingresos de la mujer tienden a reducir el número de hijos y a aumentar la edad promedio del primer embarazo. Pero en los países latinos, como el mío, el problema, o al menos parte de él, es la falta de información.

Por eso estoy convencida que implementando programas de educación sexual, la difusión y la comunicación sobre las relaciones sexuales, la reproducción, la planificación familiar, el uso de anticonceptivos, el sexo seguro, las enfermedades de transmisión sexual y las normas culturales sobre este tema ayudarían mucho a prevenir el embarazo prematuro.

Las adolescentes que quedan embarazadas a menudo provienen de familias de bajo nivel socioeconómico; esto está relacionado con la poca conexión familiar. Cuando el padre o la madre está ausente, los jóvenes no confían en los adultos dentro de sus hogares, sino en otros de su misma edad que sufren de igual manera.

La falta de educación y conocimiento sobre la sexualidad hacen que estos adolescentes se involucren en actividades sexuales sin protección, ya que no conocen los anticonceptivos disponibles ni exploran sus opciones. Pero incluso si utilizan algún tipo de anticoncepción, los están usando incorrectamente, lo cual le quita la efectividad durante la actividad sexual.

La falta de educación sexual también hace que los adolescentes sean vulnerables ante la presión de su pareja para tener sexo sin protección a fin de expresar su amor y verdaderos sentimientos; lo cual termina en un embarazo no deseado.

Los medios de comunicación también tienen una gran influencia en el embarazo adolescente, especialmente los programas que animan a estas adolescentes a tener relaciones sexuales. Algunas adolescentes quedan embarazadas solo para poder abandonar la escuela secundaria o forzar a sus parejas a un compromiso más profundo. Es importante que los niños pequeños y adolescentes tengan un adulto digno de confianza y que sea su modelo de conducta, esto disminuirá en gran medida las posibilidades de un embarazo en la adolescencia.

Los padres a menudo se olvidan de explicar la anatomía del cuerpo a sus hijos, sin embargo, proporcionar esta información y educar a los niños durante su juventud es un factor de protección extremadamente importante contra el embarazo prematuro.

Los niños necesitan crecer y tener una imagen positiva de sí mismos, así como un ambiente saludable para crecer. Los niños necesitan amor incondicional y apoyo de sus padres, ya que es fundamental para garantizar que el niño tome mejores decisiones sobre su futura actividad sexual. Cuando se les educa desde el hogar, es más probable que estos niños usen algún control de natalidad y tomen mejores decisiones con respecto a los comportamientos sexuales.

Mis pensamientos:

7
CONSECUENCIAS Y EFECTOS DEL EMBARAZO PRECOZ

El embarazo de una joven adolescente traerá grandes consecuencias, como las siguientes:

Es muy probable que la adolescente abandone la escuela porque se ve obligada a retrasar y posponer cualquier plan para su futuro a fin de criar a su hijo.

• Su identidad cambiará; renunciará a su identidad por una nueva: el de madre.

• Pasará por muchos cambios físicos: desde un ajuste físico a través del embarazo y su figura posparto.

• Su entorno será diferente, ya no estará con otras niñas de su edad, será tratada como adulta.

• Adelantará su madurez sexual. Esto deja a las adolescentes en condiciones de engendrar, cuando aún no han logrado una plena madurez biológica y psicosocial.

- Tendrá problemas en su autoestima. La autoestima está referida a la autovaloración que cada persona hace de sí. Es el juicio de valor, positivo o negativo, que se tiene con respecto a sí mismo. Es importante que el joven se perciba positivamente para que sea capaz de reconocer sus limitaciones, pero también sus potencialidades. De este modo podrá aceptarse y quererse, tal como es.

- Un embarazo temprano trae alteraciones del núcleo familiar.

- Uso indebido del alcohol y las drogas para sentir aceptación.

8

APOYO FAMILIAR Y DE LA PAREJA

La palabra «Adolescente» viene del verbo latino adolescere, que significa "crecer", esto significa que un adolescente es un ser que está todavía muy falto de conocimiento. Es sabido que el entorno afectivo de la adolescente gestante es decisivo para la salud del futuro bebé. Contar con el apoyo del padre del bebé, la familia y los amigos contribuye en el estado anímico de la madre y esto se reflejará en su atención personal: cuidará mejor su alimentación y salud, buscará más información acerca del proceso prenatal; los cuales repercutirán en el peso del bebé, etc.

Cuando las madres adolescentes cuentan con el apoyo de sus padres y de su pareja, su capacidad de recuperación aumenta. Tener esas conexiones durante y después de todo el embarazo influye en gran medida en la actitud y la adaptación a su nuevo papel de madre. Además, otro factor importante es si sus padres le ayudan a que siga en la escuela, en lugar de abandonarla. Yo, como la madre de una adolescente en esta situación, pude ser extremadamente útil en términos de apoyo emocional, así como de ayuda financiera y también de sostén con las responsabilidades de crianza de nuestra bella Chloe.

Finalmente, en mi opinión, el factor más importante, es ayudar a nuestras adolescentes a desarrollar proyectos de vida en los cuales no solo se vean como madres sino como mujeres con numerosas opciones que les permitan acceder a mejores posibilidades. Como conclusión, una mujer en gestación necesita del sostén familiar y social para llevar un embarazo sano. Si ella se encuentra cuidada emocionalmente, eso sin duda influirá en el bienestar del bebé y en el futuro de la adolescente.

9
OTROS PROBLEMAS QUE SURGEN DURANTE LA ADOLESCENCIA

En este espacio quiero aprovechar la oportunidad para transmitir mi experiencia y hacer hincapié en que se pueden presentar otra serie de problemas con nuestros adolescentes. La adolescencia, etapa que tiene lugar entre los diez y los diecinueve años (aunque algunos estudios apuntan que finaliza a los 25, pues coincide con el inicio de la madurez), los jóvenes experimentan una serie de cambios a nivel físico, biológico, psicológico, social y sexual. Por lo tanto es un período determinante en el desarrollo de la personalidad y la moral de los futuros adultos.

Es muy probable que la adolescencia sea la fase de la vida más turbulenta que puede vivir el ser humano por la cantidad de cosas que desean experimentar y, en muchas ocasiones, sin pensar en los riesgos que pueden conllevar. Además, comienzan a surgir los conflictos como:

- Drogadicción.
- Bullying.
- Alcoholismo.

- Baja autoestima.
- Obsesión con el cuerpo.
- Problemas emocionales.
- Ideas suicidas.
- Adicción a las redes sociales.
- Actitud temeraria, entre otros.

Es común ver la escena del adolescente recluido en su habitación, para de esta manera evitar el contacto con sus familiares más próximos. Para abordar los problemas con adolescentes, en primer lugar, es importante que no se sientan juzgados, ni cuestionados. Por eso, podemos crear momentos en los que el adolescente pueda expresarse libremente sin que el adulto le someta a un interrogatorio. De igual forma, hay que respetar su espacio y sus ritmos, sin que se sientan invadidos y cuestionados. Solo así, el adolescente se sentirá cómodo y podrá exteriorizar sus sentimientos. Todo esto tendrá repercusiones positivas en el clima familiar.

También es muy importante enseñarles a que se quieran como son y que, a medida que se acerca la adolescencia, conozcan los métodos anticonceptivos, sus características y en dónde pueden conseguirlos, para así evitar embarazos no deseados.

El consumo de alcohol y otras drogas ilegales también es una práctica cada vez más extendida entre adolescentes y con una edad de inicio precoz, según algunos estudios, que ronda en los trece años.

En ocasiones, el consumo es consecuencia de la inadecuada gestión de las relaciones y del tiempo de ocio. Por lo tanto, y para evitar el consumo precoz, debemos ofrecer a nuestros jóvenes otras alternativas de ocio en las que compartan el tiempo libre con su grupo de amigos y realicen actividades que les resulten satisfactorias y sea sanas.

La adicción a las redes sociales, a los videojuegos y a navegar por internet es también un tema delicado que nos ofrece un sinfín de posibilidades. Es importante crear consciencia en nuestros jóvenes para que practiquen su uso responsable.

Existen muchas otras prácticas de las que los jóvenes pueden resultar víctimas directas, como son las pandillas, las sectas y la conducción temeraria, entre otras. Para evitar las consecuencias derivadas de estos comportamientos y prácticas, es importante que en casa se fomente un clima familiar en el que se hable de cualquier tema y no hayan tabúes, y que promueva el respeto y el cariño por todos los miembros de la familia.

En definitiva, es de suma importancia que las relaciones con nuestros adolescentes sean sanas y que vivan en un contexto positivo para ellos.

10
CÓMO FUE SER MADRE Y ABUELA A LOS 35

Enfrenté el desafío de ser madre soltera a los veinticuatro años debido a que mi esposo decidió irse a Estados Unidos buscando una vida mejor para nosotras, pero ese deseo de vida al final se convirtió en abandono. Hoy puedo dar gracias a Dios porque durante todos esos años pudimos sentir su misericordia en nuestras vidas. He podido sacar adelante a mis tres hijos y hoy en día tengo dos bellos nietos a quienes amo con mi vida. Es también gracias a la misericordia de Dios que puedo dar gracias por la mujer que soy hoy; me da mucho gusto y me siento orgullosa. Con mis hijos somos grandes amigos, la adversidad nos ha unido al punto de que hemos formado un gran equipo que se apoya mutuamente para salir adelante.

Hoy soy una abuela joven y muy feliz, eso me hace sentir como una súper mamá por la vida de mis generaciones y porque me di la madurez para afrontar la situación estando lejos de mis hijos. Esta lejanía me ha puesto a prueba para sacar lo mejor que hay dentro de mí para ser abuela, padre, madre y amiga para ellos.

Ser abuela a los 35 es uno de los retos más difíciles a los que me he enfrentado. Sin embargo, ser la abuela de Clhoe es un precioso regalo del cielo, es lo mejor que me ha pasado. Me enseñó que en Dios tengo las fuerzas para superar toda adversidad. Que Dios me entrega la sabiduría para caminar día a día, aun cuando físicamente no pueda estar para dar un abrazo, puedo con mis palabras dirigir a mis hijos a tomar buenas decisiones.

Gracias, Chole, por haberme dado el título de abuela. Cuando aún no llegabas al mundo y apenas estabas en el vientre de tu madre, me prometí hacerlo de la mejor manera posible y cada día trabajo más en ello porque es mi deseo que te sientas orgullosa de mí. Ahora, a los 35 años me encontraba haciendo el papel de madre para mi hija adolescente y el papel de abuela para una bebe que naciera.

Me dedique a ambas tareas con esmero:
- Como madre de Gisela continúe apoyándola financieramente para que pueda terminar sus estudios.
- La llamo todos los días para saber de su día y actividades.
- Le ofrezco que oremos juntas por sus necesidades y deseos
- La animo a soñar con un futuro próspero.
- Juntas colocamos metas de estudios y de otros deseos que ella tiene debido a su edad.
- He creado relaciones estratégicas en mi ciudad, de modo que me ayuden a estar presente mientras yo vivo fuera del país. Tengo la ayuda del pastor de mi iglesia que también está al tanto de lo que ocurre en la casa y se asegura de enviarme fotos de mis hijos en las actividades de jóvenes.

Con mi nieta:
- La lleno de regalos, sorpresas.
- Hablo con ella por teléfono en video para sentirme que estoy allí con ellas.
- Le digo que la amo cada vez que hablamos y que ella es deseada, amada y valorada por mí y su familia.

11 CONSEJOS PARA LAS ADOLESCENTES Y SUS PADRES

Para los padres que solo vemos a nuestros hijos por la noche cuando llegamos cansados del trabajo es muy difícil criarlos, y más aún para nosotros las madres solteras, ya que además cargamos con el peso de esa condición. Es por eso es que mi único consejo es el que sigan los mandamientos de Dios, a través de los cuales, al igual que yo, podrán encontrar dirección, paz, sabiduría, consuelo, fuerza y sobre todo discernimiento al momento de tomar sus decisiones.

En Éxodo 20 encontramos los diez mandamientos de Dios y creo oportuno mencionar los últimos cinco de ellos, los cuales deben guiar nuestro comportamiento, ya que habla de las instrucciones que Dios nos dejó para vivir de manera que le agrada a El:

«Honra a tu padre y a tu madre. Entonces tendrás una vida larga y plena en la tierra que el SEÑOR tu Dios te da.
No cometas asesinato.
No cometas adulterio.»
Éxodo 20: 12 – 15 (NTV)

¡Es niña!

A los trece años, las niñas deben sentir mariposas en el estómago, no las patadas de un bebé.

De acuerdo a las instrucciones de Dios, los hijos deben honrar a sus padres con una vida que le traiga felicidad y orgullo a sus padres, el quedar embarazada o provocar un embarazo a temprana edad no trae honra a los padres.

El querer luego abortar a un bebe debido a que el embarazo no es deseado, cuando se piensa en las consecuencias, resulta en un asesinato.

Esto también va en contra del mandamiento de Dios, los cuales fueron entregados a nosotros para nuestra protección y vida plena.

También menciono el mandamiento que prohíbe el cometer adulterio, ya que cuando se comete adulterio, se está en una situación que puede causar un embarazo fuera del matrimonio con muchas posibilidades de que una de las dos partes, deseen un aborto. Si así se hace, se estaría cometiendo asesinato por medio de un aborto.

La solución es la abstinencia sexual antes del matrimonio, y la fidelidad durante el matrimonio, ya que esto nos libra de muchas consecuencias dolorosas.

En Dios siempre hay restauración, pero es mejor seguir sus instrucciones por amor a Dios y para no causar dolor al prójimo

PREGUNTAS PARA REFLEXIONAR

- ¿Me siento satisfecho con mi labor de padre al hablarle de sexualidad a mis hijos?

- ¿He sido un buen amigo, de tal manera que mis hijos sientan que pueden venir a mí con cualquier pregunta referente a la sexualidad o comentarios que escuchan en la escuela?

- ¿Le he entregado a mis hijos las herramientas que le sean útil a la hora de enfrentar la presión sexual de parte de otro joven del sexo opuesto?

- ¿Doy calidad de tiempo a mis hijos, incluyendo el salir con ellos y escuchar sus miedos y temores?

NOTAS

ACERCA DE LA AUTORA

De origen salvadoreño, Edith Chacón tiene estudios técnicos en enfermería, la cual ejerce en la actualidad. Gracias a su espíritu emprendedor, ha sido asesora de ventas directas por más de diecisiete años; se inició con la compañía Avon y hoy en día trabaja en Paparazzi Accesorios y 4Life en la ciudad de Miami. Es miembro activo de Aglow Internacional, una organización cristiana que funciona en 171 países con el fin de compartir las Sagradas Escrituras y ayudar a los necesitados. Edith pertenece a las Asambleas de Dios en El Salvador y asiste a la iglesia Betania en la ciudad de Miami. 9 meses de espera es su primer libro, el cual nació de su experiencia familiar.

www.EdithChacon.com